# 英語の

JN102728

 **日本語と異なる英語の語順**

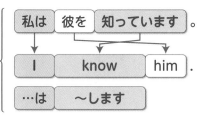

| 私は | 彼を | 知っています | 。 |
|---|---|---|---|
| I | know | him | . |
| …は | ～します | | |

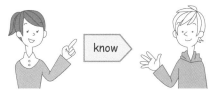

日本語では,「知っています,私は彼を。」などと表現することができますが,英語では「主語(…は)+動詞(～します)」という語順が決まっています。「主語+動詞」の後に,「だれを,何を」に当たる語が続きます。

| 私は | 高校生 | です | 。 |
|---|---|---|---|
| I | am | a high school student | . |
| …は | です | | |

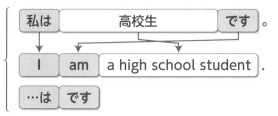

I (私は)という主語の後ろに続くam(です)を,be-動詞といいます。「主語+be-動詞」の後に,主語を説明する語(a high school student)が続きます。

I

am
=

a high school student

 **人称**

| I | am | a high school student. | (私は高校生です。) |
|---|---|---|---|
| You | are | a high school student. | (あなたは高校生です。) |
| He | is | a high school student. | (彼は高校生です。) |

英語では,主語の人称や数によって,動詞の形が変わってきます。

「私」でも「あなた」でもない人・物
3人称

I(話し手)
1人称

you(聞き手)
2人称

# Lesson

# 1 be-動詞の文

## *Are You Ready ?*

### 「…は〜です」の文

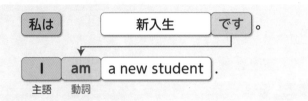

| 私は | 新入生 | です | 。 |

| I | am | a new student | . |
| 主語 | 動詞 |

英語では「です」に当たる am が,「私は」に当たる I のすぐ後に来ています。この I を**主語**, am を**動詞**といいます。英語では必ず「**主語＋動詞**」の順になります。

### am, are, isの使い分け

「です」に当たる am を **be-動詞**といいます。be-動詞は, 主語が何になるかによって次のように使い分けます。

| 主語が単数（1人［1つ]) | | 主語が複数（2人［2つ]以上) | |
|---|---|---|---|
| I | am | We | are |
| You | are | You | are |
| He / She / It | is | They | are |

### A 「…は〜です」（現在形）

**Naoko and I are good friends.**　　ナオコと私はよい友だち**です**。

ポイント ▶ Naoko (＝She) **is** ..., Naoko and I (＝We) **are** ...

**TRY A** 日本文の意味を表すように, (　　)内に適切なbe-動詞を補いなさい。　　 ヒント

(1) こんにちは。私はユミコです。

　　Hi. I (　　　　　　) Yumiko.

(2) あなたは私の一番の友だちです。

　　You (　　　　　　) my best friend.

(3) 私の父は医者です。

　　My father (　　　　　　) a doctor.

(4) ナオコとダイスケは私の同級生です。

　　Naoko and Daisuke (　　　　　　) my classmates.

(5) 私の名前は田中弓子です。

　　My name (　　　　　　) Tanaka Yumiko.

(3) My father＝He

(4) Naoko and Daisuke ＝They

(5) My name＝It
　　*cf.* My bike is new.
　　（私の自転車は新しい。）

## B 疑問文 / 否定文

*A:* **Are you** an exchange student? あなたは交換留学生ですか。
*B:* Yes, **I am**. / No, **I'm not**. はい，そうです。/ いいえ，そうではありません。

**ポイント** ▶ 疑問文：**Be-動詞＋主語 ...?**
▶ 否定文：**主語＋be-動詞＋not ...**
*cf.* I **am not** an exchange student.（私は交換留学生ではありません。）

**TRY B** 日本文の意味を表すように，空所に適語を入れなさい。

(1) あなたはおなかがすいていますか。

(          ) (                ) hungry?

(2) 私は野球部のメンバーではありません。

I (            ) (                ) a member of the baseball club.

(3) 私たちは疲れていません。

We (            ) (              ) tired.

(4) 彼の話は本当ですか。

(          ) (            ) (              ) true?

(5) ナオコとユミコは姉妹ですか。

(              ) Naoko and Yumiko sisters?

**ヒント**

(1)　You | are | ...
↓
| Are | you ...?

(2)　I am　　　...
→ I am | not | ...

## C 「…は〜でした」（過去形）

I **was** tired last night. 私は昨日の夜は疲れていました。

**ポイント** ▶ be-動詞の過去形：am, is → **was** / are → **were**

**TRY C** 各文を指示に従って書きかえなさい。

(1) The weather is nice today. ［today を yesterday に変えて］

The weather (              ) nice yesterday.

(2) My new shoes are expensive. ［過去の文に］

My new shoes (              ) expensive.

(3) You were angry at me. ［疑問文に］

(            ) (            ) angry at me?

(4) They were late for school. ［否定文に］

They (            ) (                ) late for school.

(5) The test was difficult. ［否定文に］

The test (              ) (              ) difficult.

**ヒント**

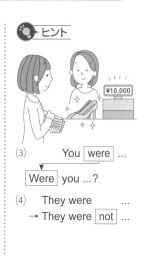

(3)　You | were | ...
↓
| Were | you ...?

(4)　They were　　　...
→ They were | not | ...

3

# Lesson 2 一般動詞の文

## Are You Ready ?

### 「…は～します」の文

私は　ギターを　弾きます。

| I | play | the guitar |
|---|---|---|
| 主語 | 動詞 | |

.

英語では，「弾きます」に当たる play が I (私は) のすぐ後に続いて「主語＋動詞」の順になっています。play のように，be-動詞 (am, are, is) 以外の動詞を**一般動詞**といいます。

### 動詞＋-s

主語が自分と相手以外で，しかも1人 (または1つ) [**3人称・単数**] のときは，play に -s をつけて **plays** とすることに注意しましょう。

| He | plays | the guitar. |
|---|---|---|

(彼はギターを弾きます。)

## Ⓐ「…は～します」（現在形）

I **come** to school by train.　私は電車で**通学**します。

**ポイント** ▶ 主語が3人称・単数のときは，She **comes** to school by train. となる。

**TRY Ⓐ**　日本文の意味を表すように，(　　) 内に下の語群から適語を選んで補いなさい。

(1) 私は毎朝髪を洗います。

I (　　　　　　) my hair every morning.

(2) 父は毎朝コーヒーを2杯飲みます。

My father (　　　　　　) two cups of coffee every morning.

(3) 太陽は東から昇り，西に沈みます。

The sun (　　　　　　) in the east and (　　　　　　) in the west.

(4) 私たちは週末には映画に行きます。

We (　　　　　　) to the movies on weekends.

[drink(s) / go(es) / rise(s) / set(s) / wash(es)]

**ヒント**

**3人称・単数の主語**
「…は～です」の文 (➡ Les.1Ⓐ) で is が使われるもの。
My father is ..., It is ...

●-s [-es] のつけ方
drink → drink**s**
wash → wash**es**
study → stud**ies**

4

## ⓑ 疑問文 / 否定文

① *A*: **Do** you **like** our school？
　*B*: Yes, **I do**. / No, **I don't**.
② My sister **does not play** soccer.

あなたは私たちの学校を**気に入っています**か。
ええ，**気に入っています**。/ いいえ，**気に入っていません**。
姉はサッカーは**しません**。

**ポイント** ① 疑問文：**Do [Does]** ＋主語＋動詞の原形 ...？　*cf.* **Does** he **like** our school？
　　　　② 否定文：主語＋**do [does] not** ＋動詞の原形 ...　*cf.* I **do not play** soccer.

**TRY ⓑ** 各文を指示に従って書きかえなさい。

**ヒント**

(1) You live near here.　[疑問文に]

_____ near here？

(2) We watch TV very often.　[否定文に]

_____ TV very often.

(3) Lucy plays tennis.　[疑問文に]

_____ tennis？

(4) Mike has a car.　[否定文に]

_____ a car.

(3)(4) 疑問文と否定文では，必ず動詞の原形 (-s [-es] のつかない元の形) が続く。

## ⓒ 「…は〜しました」（過去形）

① I **emailed** Emily last night.　私は昨日の夜エミリーに E メール**を送りました**。
② My father **went** to work by train last week.　私の父は先週は電車で**通勤しました**。

**ポイント** ① 過去の文は，動詞に **-ed** をつける（**規則動詞**）。　email → email**ed**
　　　　② 特別な形に変化させる場合がある（**不規則動詞**）。　go → **went**

**TRY ⓒ** 日本文の意味を表すように，空所に適語を入れなさい。

**ヒント**

(1) 私は昨日，英語を勉強しました。

I (　　　　　　) English yesterday.

(2) ジャックは友人たちと昼食をとりました。

Jack (　　　　　　) lunch with his friends.

(3) 昨夜はパーティーを楽しみましたか。

(　　　　　　) you (　　　　　　) the party last night？

(4) ヘレンはパーティーに来ませんでした。

Helen (　　　　) (　　　　　　) (　　　　　　) to the party.

(5) ボブは昨日宿題をしませんでした。

Bob (　　　　) (　　　　　　) (　　　　　　) his homework yesterday.

(1) -ed のつけ方
　*cf.* cry → cried

(2) 不規則動詞 (➡ p. 32)

(3) **Did** ＋主語＋動詞の原形 ...？

(4)(5) 主語＋**did not**＋動詞の原形 ...

# 3 疑問詞疑問文 / 命令文 / 感嘆文

## Are You Ready ?

### 疑問詞で始まる疑問文

「何？」などと相手に**具体的な情報を尋ねる**ときは，疑問詞（What など）で始まる疑問文を使います。Yes / No で答える疑問文との違いに注意しましょう。

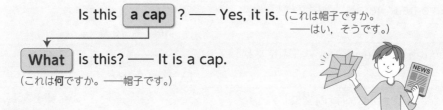

Is this 　a cap 　? —— Yes, it is. （これは帽子ですか。
　　　　　　　　　　　　　　　　　　　　　　——はい，そうです。）

What 　is this? —— It is a cap.
（これは**何**ですか。——帽子です。）

### 命令文

相手に「〜しなさい」と**命令**するときは，いきなり**動詞の原形**で文を始めます。

Open 　your book to page 32. （32ページを**開き**なさい。）

## Ⓐ Who, What, Which

A: **Who** telephoned Ann？　だれがアンに電話したのですか。
B: Tom did.　　　　　　　　　トムです。

**ポイント**　▶ **Who**（だれ）/ **What**（何）/ **Which**（どちら，どれ）
　　　　　▶ 疑問詞が主語：疑問詞 動詞 ... ？ / 疑問詞が主語以外：疑問詞 疑問文の語順 ... ？

**TRY Ⓐ** 各文の(　　)内に，Who，What，Whichから適語を補いなさい。

ヒント

(1) (　　　　　　) is the girl with short hair ?

　—— She is Mary.

(2) (　　　　　　) did you have for breakfast ?

　—— I had rice and miso soup.

(3) (　　　　　　) do you like better, tea or coffee ?

　—— I like coffee.

(4) (　　　　　　) is your favorite sport ?

　—— I like basketball.

(5) (　　　　　　) won the tennis match yesterday ?

　—— John did.

**What か Which か？**
選択肢が限定されていないときは What を，選択肢が限定されているときは Which を用いる。

## B When, Where, Why, How

*A:* **When** does the movie begin？　映画は**いつ**始まりますか。

*B:* It begins at 9:35.　9時35分に始まります。

**ポイント** ▶ **When**（いつ）/ **Where**（どこ）/ **Why**（なぜ）/ **How**（どのようにして，どのくらい…か）

**TRY B** 日本文の意味を表すように，空所に適語を入れなさい。

(1) 彼らはいつ日本に着きましたか。

　　（　　　　　　　）did they arrive in Japan？

(2) カメラはどこにありますか。

　　（　　　　　　　）is the camera？

(3) ヘレンはなぜ早く寝たのですか。

　　（　　　　　　　）did Helen go to bed early？

(4) トムはどのように通学していますか。

　　（　　　　　　　）does Tom come to school？

(5) この木の樹齢はどのくらいになりますか。

　　（　　　　）（　　　　　　　　）is this tree？

(6) この本はいくらですか。

　　（　　　　）（　　　　　　　　）is this book？

**ヒント**

(1)～(6) 疑問詞を文頭に出して，疑問文の語順を続ける。

(5) 年齢を尋ねている。

## C 命令文 / 感嘆文

① **Repeat** your name slowly.　あなたの名前をゆっくりと**もう一度言ってください**。

② **How beautiful** her voice is！　彼女の声は**なんてきれいなのでしょう**。

**ポイント** ▶ ① 命令文：動詞の原形 …「～しなさい，～してください」
　　　　② 感嘆文：**How**＋形容詞［副詞］（＋主語＋動詞)！「なんて…なのだろう」

**TRY C** 日本文の意味を表すように，空所に適語を入れなさい。

(1) 次の角を右へ曲がりなさい。

　　（　　　　　　　）right at the next corner.

(2) 気をつけて。落ちないでね。

　　（　　　　　　）careful！（　　　　　　　）fall.

(3) いいお天気です。出かけましょうよ。

　　It is a nice day.（　　　　　　）（　　　　　　　）out.

(4) あの車はなんて速いのでしょう。

　　（　　　　　　）（　　　　　　　）that car is！

(5) あれはなんて高いビルなのでしょう。

　　（　　　　）（　　　　　　）（　　　　　　　）building that is！

**ヒント**

(2) You **are** careful. → **Be** ....
Don't＋動詞の原形 …「～するな」

(3)

**Let's＋動詞の原形** …「（一緒に）～しましょう」と勧誘の気持ちを表す。

(5)

**What を使った感嘆文**
What (a [an])（＋形容詞）＋名詞（＋主語＋動詞)！

## Lesson

# 4 進行形

## Are You Ready ?

### 現在時制と現在進行形

「彼は毎日テニスをします。」という「いつものこと」は現在時制で表します。一方，「彼は今テニスをしています。」という「**今，進行中のこと**」を表すときは，**進行形** be-動詞 動詞の〜ing形 を用います。

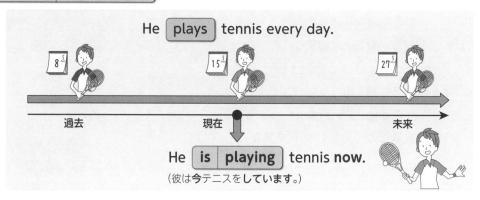

He plays tennis every day.

過去　　　　　　現在　　　　　　未来

He is playing tennis now.
(彼は**今**テニスを**しています**。)

### 過去進行形

「(過去のある時点に)テニスをしていました。」は**過去進行形**になります。

He was playing tennis when it started to rain.

(雨が降りはじめたとき，彼はテニスを**していました**。)

---

### **Ⓐ 現在進行形**

She usually walks slowly, but she **is walking** so fast today.
彼女はふだんはゆっくり歩くのに，今日はとても速く**歩いています**。

ポイント ▶ am [are, is]＋〜ing：「(今)〜している」

---

TRY Ⓐ 各文の(　)内に，下の語群から適語を選んで現在進行形にして補いなさい。

(1) Take an umbrella with you.　It (　　　　　　　　).
(2) Be quiet, please.　The baby (　　　　　　　　).
(3) Look!　Tom (　　　　　　　　) in the river.
(4) Please be quiet.　I (　　　　　　　　) on the telephone.
(5) Excuse me, but you (　　　　　　　　) in my seat.
(6) Hurry up!　The bus (　　　　　　　　).

　　[rain / sit / swim / talk / sleep / come]

 ヒント

●〜ing 形の作り方
walk → walk**ing**
write → writ**ing**
swim → swim**ming**

## Ⓑ 過去進行形

**Steve was reading a book when the phone rang.**
電話が鳴ったとき，スティーブは本を**読んでいた**。

**ポイント** ▶ was [were] ＋〜ing：「（過去のある時点に）〜していた」

**TRY Ⓑ** 絵を参考に，各文の(　　)内に，下の語群から適語を選んで過去進行形にして補いなさい。

● ヒント

(1) I (　　　　　　　　　　　) a DVD at 9:30 last night.

(2) Jack and Kate were at the supermarket. They (　　　　　　　　　) food.

(3) Ann was at the station. She (　　　　　　　) for a train.

(4) I saw you this morning. You (　　　　　　　) the dog for a walk.

[buy / wait / take / watch]

(1)〜(4)

| 現在進行形 | 過去進行形 |
|---|---|
| am 〜ing | was 〜ing |
| is 〜ing | |
| are 〜ing | were 〜ing |

**Challenge!** 日本文の意味を表すように，空所に適語を入れなさい。

● ヒント

(1) アンはシャワーを浴びています。
Ann (　　　　　) (　　　　　　) a shower.

(2) 何がそんなにおかしいのですか。なぜ笑っているのですか。
What is so funny? Why (　　　　　) you (　　　　　)?

(3) あなたは私の言うことを聞いていませんね。
You are (　　　　　) (　　　　　　) to me.

(4) リサはパーティーで青色のドレスを着ていました。
Lisa (　　　　　) (　　　　　　) a blue dress at the party.

(5) 昨日の3時には何をしていましたか。
What (　　　　　) you (　　　　　　) at 3:00 yesterday?

(6) 私たちが出かけたときは，雨は降っていませんでした。
It (　　　　) (　　　　　) (　　　　　　) when we went out.

(2)(5)

**疑問文**
Be-動詞＋主語＋〜ing …?

(3)(6)

**否定文**
主語＋be-動詞＋not＋〜ing …

9

# 5 未来の表現

## Are You Ready ?

### 未来のことがら

「明日」や「来週」などの未来のことがらは， | will | 動詞の原形 | で表します。be-動詞の原形は be です。

It | was | sunny yesterday. （昨日はいい天気でした。）

It | is | cloudy today. （今日は曇っています。）

It | will | be | rainy **tomorrow.** （明日は雨になるでしょう。）

## Ⓐ will＋動詞の原形

It **will be** rainy and windy in the afternoon. 午後は雨で風が強くなるでしょう。

**ポイント** ▶ will＋動詞の原形：「～するでしょう」などと未来のことがらを表す。

### TRY Ⓐ 日本文の意味を表すように，空所に適語を入れなさい。

🐾 ヒント

(1) 私は明日テニスをします。

I (　　　　) (　　　　　　) tennis tomorrow.

(2) 彼女はこの週末に，友人たちと買い物に行きます。

She (　　　　) (　　　　　) shopping with her friends this weekend.

(3) 彼は明日はバスに乗って学校へ行くでしょう。

He (　　　　) (　　　　　) the bus to school tomorrow.

(4) 私は来週はそんなに忙しくはないでしょう。

I (　　　　) (　　　　) (　　　　　) so busy next week.

(5) 明日の午後，あなたのお母さんは家にいるでしょうか。

(　　　　) your mother (　　　　) at home tomorrow afternoon ?

(4)

**否定文**
主語＋will not＋動詞の原形 ...

(5)

**疑問文**
Will＋主語＋動詞の原形 ...?

## ⓑ be going to＋動詞の原形

**We are going to climb** the mountain. 私たちはその山に**登るつもりです**。

**ポイント** ▶ **be going to＋動詞の原形**：「(あらかじめ考えられていた意志，計画を表して)〜するつもりです」

**TRY ⓑ** (　　)内の語を用いて，〈am [are, is] going to 〜〉の文を作りなさい。

**🔵 ヒント**

(1) My father (sell) his old car.

My father ＿＿＿＿＿＿＿＿＿＿＿＿＿＿＿ his old car.

(2) It is my birthday tomorrow, and we (have) a party.

It is my birthday tomorrow, and

we ＿＿＿＿＿＿＿＿＿＿＿＿＿＿＿ a party.

(3) I (watch) a new DVD tonight.

I ＿＿＿＿＿＿＿＿＿＿＿＿ a new DVD tonight.

(4) I (not / invite) John to my party.

I ＿＿＿＿＿＿＿＿＿＿＿＿ John to my party.

(5) What (you / wear) to the party tonight?

What ＿＿＿＿＿＿＿＿＿＿＿ to the party tonight?

(4)
**否定文**
主語＋ be-動詞＋not
going to＋動詞の原形 ...

(5)
**疑問文**
Be-動詞＋主語＋going
to＋動詞の原形 ...?

**Challenge!** 日本文の意味を表すように，空所に適語を入れなさい。

**🔵 ヒント**

(1) *A:* 私のかばんはとても重いわ。　*B:* ぼくが運んであげよう。

*A:* My bag is very heavy.

*B:* I'll (　　　　　) it for you.

(2) *A:* 明日電話をします。いいですか。　*B:* いいわよ。じゃあね。

*A:* I'll (　　　　　) you tomorrow, OK? 　*B:* OK, bye.

(3) サラは新しい自転車を買うつもりです。先週そう話していました。

Sara is (　　　　) (　　　　) (　　　　) a new

bike. 　She told me last week.

(4) 私たちは，今晩は中華料理店で夕食をとるつもりです。

We (　　　　) (　　　　) (　　　　) (　　　　)

dinner at a Chinese restaurant tonight.

(5) *A:* 今晩は何をするつもりですか。

*B:* テレビでサッカーの試合を見るつもりです。

*A:* What are you (　　　　) (　　　　) (　　　　)

this evening?

*B:* I'm going to (　　　　) a soccer game on TV.

(1)(2) その場で思いついた
意志は will 〜で表す。
I'll＝I will

(3)〜(5) あらかじめ考えら
れていた意志は be going
to 〜で表す。

11

# 6 現在完了形

## Are You Ready?

### 過去と現在を結びつける

「私は昨日かぎをなくしました。」という過去の出来事は過去時制で表します。一方, 「今もかぎがなくて困っている」というように, 過去の出来事が**現在とつながりを持っている**場面では, 現在完了形 | have [has] | 過去分詞 | を用います。

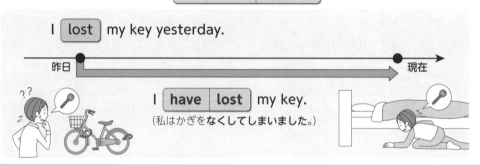

I | lost | my key yesterday.

昨日 　　　　　　　　　　　　　　　　　　　現在

I | have | lost | my key.
(私はかぎを**なくしてしまいました**。)

## Ⓐ 完了・結果

Our friends **have** just **arrived**. 　　私たちの友だちがちょうど**着いたところ**です。

**ポイント** ▶ 「〜してしまった (その結果, 今…)」と, 今はもう動作が**完了**しており, 現在に何らかの**結果**をもたらしていることを表す。

**TRY Ⓐ** 絵を参考に, 次の語句を用いて, 現在完了形の文を作りなさい。

 ヒント

(1) (2) (3) (4)

(1) I / study for tomorrow's lessons

_____

(2) we / eat our lunch

_____

(3) Kate / make a birthday cake for her brother

_____

(4) Tom / clean his room

_____

**過去分詞形**
多くは過去形と同じ。
finish-finished-**finished**
send-sent-**sent**(➡ p.32)
特別な形を持つものもある。
write-wrote-**written** (➡ p. 32)

## B 経験

**Have** you ever **been** to Disneyland? ディズニーランドへ行ったことがありますか。

ポイント ▶「(今までに)～したことがある[ない]」などと，現在までの経験を表す。

**TRY B** 日本文の意味を表すように，空所に適語を入れなさい。

(1) 今までに外国へ行ったことがありますか。

Have you ever (　　　　　) to a foreign country?

(2) 今までに飛行機で旅行したことがありますか。

Have you ever (　　　　　) by plane?

(3) 今までに有名人に会ったことがありますか。

Have you ever (　　　　) a famous person?

(4) 私は一度もファンレターを送ったことがありません。

I (　　　　) never (　　　　) a fan letter.

(5) 私は一度もゴルフをしたことがありません。

I (　　　) never (　　　　) golf.

**ヒント**

(1)

・have [has] **been** to ...
「…へ行ったことがある」
→ 今は戻っている
・have [has] **gone** to ...
「…へ行ってしまった」
→ 今も戻っていない

(4)(5) never「一度も…ない」

**否定文**
主語＋have [has] not
[never]＋過去分詞 ...

---

## C 継続

① Takeshi and I **have been** friends since we met at the party last year.

タケシと私は去年そのパーティーで会って以来の友だち**です**。

② The computer **has been making** strange sounds since yesterday.

そのコンピュータは昨日から変な音が**します**。

ポイント ①「(過去から今まで)ずっと～だ」と，ある**状態**が続いていることを表す。
② ある**動作**が続いていることを表す場合は，**現在完了進行形 (have [has] been ～ing)** を用いる。

**TRY C** 日本文の意味を表すように，空所に適語を入れなさい。

(1) 私は10年前からこの町に住んでいます。

I (　　　　) (　　　　　　) in this town for ten years.

(2) 母は朝から頭痛がしています。

My mother (　　　　) (　　　　　) a headache since this morning.

(3) 妹は3日前から病気で寝ています。

My sister (　　　　) (　　　　　) sick in bed for three days.

(4) 私たちはバスを20分間待っています。

We have (　　　　) (　　　　　) for the bus for 20 minutes.

(5) あなたはどのくらいオーストラリアで日本語を教えていますか。

How long have you (　　　　) (　　　　　) Japanese in Australia?

**ヒント**

(1)(3)(4) for ...「…の間」

(2) since ...「…以来」

# 7 助動詞

## *Are You Ready ?*

### 「動詞」を「助」ける働き

can(〜することができる)，may(〜してもよい)，must(〜しなければならない)など，動詞の前に置かれて，その動詞にさまざまな意味をつけ加える語を**助動詞**といいます。

I can play the guitar.
(私はギターを弾くことができます。)

You may leave the room now.
(もう部屋を出て行って**よろしい**。)

You must help me.
(あなたは私を助けてくれ**なければいけません**。)

助動詞
動詞

### 助動詞の性質

助動詞の後には，**動詞の原形**が続きます。

---

### Ⓐ can

*A :* **Can** you swim？　　　　あなたは泳げ**ますか**。
*B :* Yes, I **can**, but I **can't** dive.　はい，泳げ**ますが**，もぐれ**ません**。

**ポイント**　▶ can 〜：「〜することができる」
　　　　　▶ 疑問文：**Can＋主語＋動詞の原形 ...?** / 否定文：**主語＋can't [cannot]＋動詞の原形 ...**

**TRY Ⓐ**　各文の下線部に，can 〜の意味をつけ加えて文を書きかえなさい。

(1) I play the piano.　My brother plays the piano, too.


(2) Do you speak English？


(3) Does your mother ride a bike？


(4) Dogs swim, but cats don't swim.


(5) Tom speaks Japanese, but he doesn't read it.

**ヒント**

(1)〜(5) 助動詞 (can) の後には動詞の原形が続く。

(4)(5) 否定文は can not と2語にしてはいけない。

## B may

*A*: **May** I start cooking?  料理を始めてもいいですか。
*B*: Yes, go ahead.  ええ，どうぞ。

**ポイント** ▶ **may ～**：「～してもよい」 / **May I ～?**：「～してもいいですか」（丁寧に許可を求める）

**TRY B** 日本文の意味を表すように，下の語句群から適切なもの
を選び，〈May I ～?〉の文を作りなさい。

(1) 質問してもいいですか。

_____

(2) （電話で）ピーターをお願いします。

_____

(3) お名前をうけたまわります。

_____

(4) （レストランで）ご注文はもうお決まりでしょうか。

_____

[ask you a question / have your name / speak to Peter /
take your order]

**ヒント**

**Can I ～?**
くだけた場面では Can I
～?とすることもできる。

## C must

① You **must** wash your hands before you cook.
　料理をする前に手を洗わ**なければいけません**。

② Students **must not** use cell phones at school.
　生徒は，学校で携帯電話を使っては**いけません**。

**ポイント** ▶ ① **must ～**：「～しなければならない」 / ② **must not ～**：「～してはならない」

**TRY C** 各文を〈You must ～〉か〈You must not ～〉の文に書
きかえなさい。

(1) Study harder.

　You (　　　　　) (　　　　　　　　) harder.
(2) Be quiet in the library.

　You (　　　　　) (　　　　　　) quiet in the library.
(3) Don't eat too much.

　You (　　　　) (　　　　　) (　　　　　) too much.
(4) Don't be late for school.

　You (　　　　　) (　　　　　) (　　　　　) late for
　school.

**ヒント**

(1)～(4) You must ～，You
must not ～は，命令文
（➡Les. 3 **C** －①）とほ
ぼ同じ意味になる。

# 8 受動態

## Are You Ready?

### 「…は〜される」の文

「シンガポールでは英語が話されている。」という内容は，どう表現すればよいでしょうか。「英語が」を主語にすると，次の動詞はどんな形にすればよいでしょうか。

| 英語が | 話す （×） |
| | 話される （○） |

They [ speak ] [ English ] in Singapore.
（シンガポールの人々は英語を話す。）

[ English ] [ is ] [ spoken ] in Singapore.
（シンガポールでは英語が**話されている**。）

「…は [が]」と主語を述べ，動詞を「〜される」と続けたいとき，**受動態（受け身）**

[ be-動詞 ] [ 過去分詞 ] という特別な形を用います。

## Ⓐ 受動態の基本形

**Soccer is loved by many people around the world.**
サッカーは世界中の多くの人たち**に愛されています**。

**ポイント** ▶ **be-動詞＋過去分詞＋by …** : 「…によって〜され（てい）る」

### TRY Ⓐ 各文の下線部を主語にして文を書きかえなさい。

(1) All my family love <u>me</u>.

I (          ) (          ) (          ) all my family.

(2) More than 300 million people speak <u>English</u>.

English (          ) (          ) (          ) more than 300 million people.

(3) The police stopped <u>the car</u>.

The car (          ) (          ) (          ) the police.

(4) A famous architect designed <u>these buildings</u>.

These buildings (          ) (          ) (          ) a famous architect.

### ヒント

(1)(2)「…によって〜され（てい）る」【現在】

| am are is | 過去分詞 | by … |

(3)(4)「…によって〜され（てい）た」【過去】

| was were | 過去分詞 | by … |

## Ⓑ by ... のない受動態

His work **was finished** before five o'clock.　彼の仕事は5時前に**終えられた**。

> **ポイント** ▶ 動作をする側 (=He) がわかりきっている場合や，動作をする側がわからない場合は by ... をつけないことが多い。

### ✏️TRY Ⓑ 日本文の意味を表すように，空所に適語を入れなさい。

 ヒント

(1)～(5) 現在の場面か過去の場面かに注意。

(1) この町はいつもきれいです。通りは毎日掃除されます。

This town is always clean. The streets (　　　　) (　　　　) every day.

(2) 私はこの本を理解できます。やさしい英語で書かれています。

I can understand this book. It (　　　　) (　　　　) in easy English.

(3) この教会は約500年前に建てられました。

This church (　　　　) (　　　　) about 500 years ago.

(4) 私は昨日事故を目撃しました。2人の人が病院へ運ばれました。

I saw an accident yesterday. Two people (　　　　) (　　　　) to the hospital.

(5) A: この映画はどのくらい古いのですか。

B: 1965年に作られました。

A: How old is this movie?

B: It (　　　　) (　　　　) in 1965.

### Challenge! 日本文の意味を表すように，(　　)内の語句を並べかえなさい。

 ヒント

(1)(2)

> **否定文**
> 主語＋be-動詞＋not＋過去分詞 ...

(1) この単語はあまり使われていません。

(this word / not / is / used) very often.

_____ very often.

(2) 私たちは先週のパーティーに招待されませんでした。

(we / were / invited / not) to the party last week.

_____ to the party last week.

(3)(4)

> **疑問文**
> Be-動詞＋主語＋過去分詞 ...?

(3) あなたの国では英語が話されていますか。

(in your country / is / spoken / English)?

_____ ?

(4) これらの写真はどこで撮られたのですか。

(where / these pictures / taken / were)?

_____ ?

(4) 疑問詞＋受動態の疑問文の語順になる。

# 9 to-不定詞

## Are You Ready?

### to＋動詞の原形

I want [ a ticket for the concert ] . (私はそのコンサートのチケットがほしいです。)

① I want [ **to go** to the concert ] . (私はそのコンサートへ行きたいです。)

①の to go to the concert は「そのコンサートへ行くこと」という意味を表し，a ticket for the concert(そのコンサートのチケット)と同じ**名詞の働き**をしています。この [ to | 動詞の原形 ] を to-不定詞といいます。

### to-不定詞の働き

② He has [ a car ][ **to sell** ] . (彼は**売る**(ための)車を持っています。)

③ He [ is studying ] hard [ **to pass the exam** ] .

(彼は試験に**合格するために**一生懸命に勉強しています。)

to-不定詞は，「〜する(ための)…」と名詞を後ろから修飾する**形容詞の働き**(②)，「〜するために」と動詞を修飾する**副詞の働き**(③)もします。

### Ⓐ 名詞用法

I learned **to swim** when I was five years old.    私は5歳のときに泳げるようになった。

> **ポイント** ▶ 「〜すること」という名詞の働きをし，**動詞の目的語**になったり，**主語の働き**をする。

**TRY Ⓐ** 日本文の意味を表すように，各文の(　)内に，下の語句群から適切なものを選んで補いなさい。

(1) 私はたくさんの外国の国々へ行きたい。

I want (　　　　　　　　) to many foreign countries.

(2) 明日のパーティーでお会いできますように。

I hope (　　　　　　) you at the party tomorrow.

(3) コンピュータを使うのはおもしろい。

It is interesting (　　　　　　　　) a computer.

(4) 平和について考えることは大切です。

It is important (　　　　　　　　) about peace.

[to go / to see / to think / to use]

**ヒント**

learned [ to swim ]
(泳ぐことを学んだ→)泳げるようになった

(3)(4)

**It is … to 〜**
「〜することは…だ」
[ It ] is fun [ **to play** soccer ] .
　　　　＝
(サッカーをすることは楽しい。)

## Ⓑ 形容詞用法 / 副詞用法

① I need something warm **to wear**.　　私は何か暖かい服が必要です。

② My mother goes to the supermarket **to buy** some food.
　　母は食料を**買うために**スーパーへ行きます。

**ポイント**　① 名詞 ＋ │to＋動詞の原形│：「～する（ための）…，～する（べき）…」（形容詞用法）

　　　　　　② 「～するために」という「**目的**」を表す。（副詞用法）

**TRY Ⓑ**（　　）内の語句を並べかえて，文を完成させなさい。

(1) I'll buy (a comic book / read / to) on the train.

　　I'll buy ＿＿＿＿＿＿＿＿＿＿＿＿＿＿＿＿ on the train.

(2) There are (learn / many things / to) in our lives.

　　There are ＿＿＿＿＿＿＿＿＿＿＿＿＿＿ in our lives.

(3) Please give me (hot / something / drink / to).

　　Please give me ＿＿＿＿＿＿＿＿＿＿＿＿．

(4) I joined the English club (English a lot / speak / to).

　　I joined the English club ＿＿＿＿＿＿＿＿＿．

(5) I went to a coffee shop (a friend / meet / to).

　　I went to a coffee shop ＿＿＿＿＿＿＿＿＿＿．

(6) I opened (get / some fresh air / to / windows).

　　I opened ＿＿＿＿＿＿＿＿＿＿＿＿＿＿．

(1)～(3)
something warm
　　　　to wear

（着るための何か暖かいもの→）何か暖かい服

(4)～(6)「何をするためか」を考えよう。

## Ⓒ 主語＋動詞＋目的語＋動詞の原形

Her father didn't **let** her **go** abroad.　　彼女の父親は彼女を外国に**行かせ**なかった。

**ポイント**　▶ let＋O（目的語）＋動詞の原形：「（許可を与えて）Oに～させ（てや）る」

**TRY Ⓒ** 日本文の意味を表すように，空所に適語を入れなさい。

(1) 自己紹介をさせてください。

　　Please (　　　　　) me (　　　　　) myself.

(2) これらのいすを運ぶのを手伝ってくれませんか。

　　Will you (　　　　　) me (　　　　　) these chairs？

(3) 母は私に部屋の掃除をさせました。

　　My mother (　　　　　) me (　　　　　) my room.

**ヒント**

(2) help ＋ O ＋動詞の原形「Oが～するのを手伝う」

(3) make ＋ O ＋動詞の原形「（無理やりに）Oに～させる」

# 10 動名詞

## Are You Ready ?

### 動名詞とto-不定詞

① He started [ to work ] in a supermarket.

② He started [ working ] in a supermarket.

（①② 彼はスーパーマーケットで働きはじめました。）

①の to work in a supermarket（スーパーマーケットで働くこと）は to-不定詞（➡Les. 9）の名詞用法です。②の working in a supermarket も「スーパーマーケットで働くこと」という意味を表し，①と同じ**名詞の働き**をしています。この [ 動詞の〜ing 形 ] を動名詞といいます。

### 「動詞の〜ing 形」の2つの用法

進行形（➡Les. 4）の「動詞の〜ing 形」とは働きが違うことに注意しましょう。

He [ is ] [ playing ] the guitar now. [ 進行形 ]

（彼は今ギターを弾いています。）

He [ likes ] [ playing ] the guitar. [ 動名詞 ]

（彼はギターを弾くのが好きです。）

## Ⓐ 動名詞の基本用法(1)

**I'll start keeping a diary in English.**　私は英語で日記を**つけ**はじめるつもりです。

**ポイント** ▶「〜すること」という名詞の働きをし，**動詞の目的語**となったり，**主語**の働きをする。

✏️ **TRY Ⓐ**　絵を参考に，各文の(　　)内に，下の語群から適語を選んで動名詞にして補いなさい。

🔍 ヒント

(1) Do you enjoy (　　　　　) books ?

(2) His joke was very funny.　I couldn't stop (　　　　　).

(3) When I was six, I started (　　　　　) judo.

(4) (　　　　　) to music is fun.

　　[listen / laugh / practice / read]

● 〜ing 形の作り方 (➡p. 8)

## Ⓑ 動名詞の基本用法(2)

I'm afraid **of making** mistakes when I speak English.
私は英語を話すときに**間違う**のが怖い。

**ポイント** ▶ 前置詞 (at, for, of, without など) の後に「～すること」を続けるときは，動名詞を用いる。
動名詞の代わりに to-不定詞を用いることはできない。

**TRY Ⓑ** 各文の(　　)内に，下の語群から適語を選んで動名詞に
して補いなさい。

(1) She loved him and she was afraid of (　　　　　　) him.

(2) My grandmother is very good at (　　　　　　) stories.

(3) Ann closed the door without (　　　　　　) a sound.

(4) Sorry I'm late!　Thank you for (　　　　　　).

(5) My father is thinking of (　　　　　　) a new car.

[buy / lose / make / tell / wait]

🔔 ヒント

(1) be afraid of ～ing
「～するのを恐れる」
(2) be good at ～ing
「～するのが得意である」
(3) without ～ing
「～することなしに，～しないで」
(4) Thank you for ～ing
「～してくれてありがとう」
(5) think of ～ing
「～しようかなと考える」

**Challenge!** 日本文の意味を表すように，(　　)内の語句を並べかえ
なさい。

(1) ピアノを動かすのは大変な仕事でした。

(hard work / moving / the piano / was).

_____.

(2) 彼女と話をするのはいつも楽しいです。

I always (enjoy / her / talking / to).

I always _____.

(3) 母は車の運転があまり得意ではありません。

My mother is (at / driving / not / very good).

My mother is _____.

(4) 花を送り届けてくれてありがとうと，私は彼に言った。

I (for / him / sending / thanked) the flowers.

I _____ the flowers.

(5) 彼女は一言も言わずに立ち去りました。

She (a word / went away / saying / without).

She _____.

🔔 ヒント

(1) 動名詞を主語にする。

(2) 動名詞を動詞の目的語にする。

(3)～(5) 前置詞＋動名詞のパターン。

# 11 分詞

## Are You Ready ?

### 「〜している…」

進行形(➡ Les. 4)を作る〜ing 形を**現在分詞**といいます。現在分詞は，「〜している…」と後ろから名詞を修飾します。

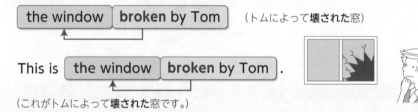

| the children | playing in the yard | （庭で**遊んでいる**子どもたち） |

I know | the children | playing in the yard .

（私は庭で**遊んでいる**子どもたちを知っています。）

### 「〜された…」

受動態(➡ Les. 8)を作る**過去分詞**も，「〜された…」と後ろから名詞を修飾します。

| the window | broken by Tom | （トムによって**壊された**窓）

This is | the window | broken by Tom .

（これがトムによって**壊された**窓です。）

---

## Ⓐ 現在分詞の基本用法

**The girl practicing kendo over there is my sister.**
あそこで剣道の**練習をしている**女の子は私の妹です。

**ポイント** ▶ 名詞 ＋ 現在分詞 … ：「〜している…」

✏️**TRY Ⓐ** 日本文の意味を表すように，空所に適語を入れなさい。

(1) トムと話している女性を知っていますか。

　　Do you know the (　　　　　) (　　　　　) to Tom ?

(2) アンと踊っている男の子はだれですか。

　　Who is the (　　　　　) (　　　　　) with Ann ?

(3) 外で待っているあの人たちはだれですか。

　　Who are those (　　　　　) (　　　　　) outside ?

(4) 公園で走っている男性は医者です。

　　The (　　　　　) (　　　　　) in the park is a doctor.

🔵 ヒント

**現在分詞＋名詞**
現在分詞が 1 語だけで名詞を修飾するときは，名詞の前に置かれる。

a | sleeping | baby

（眠っている赤ちゃん）

## ⓑ 過去分詞の基本用法

**He's a sumo wrestler loved by many people.**
彼は多くの人たちに**愛されている**相撲取りです。

**ポイント** ▶ 名詞 + 過去分詞 ... :「～され（てい）る…，～された…」

**TRY ⓑ** 日本文の意味を表すように，空所に適語を入れなさい。

 **ヒント**

(1) 私は英語で書かれた E メールを受け取りました。

I received an (　　　　　) (　　　　　) in English.

(2) 私はブラッキーという犬を飼っています。

I have a (　　　　　) (　　　　　) Blackie.

(3) 彼女は野生の花が大好きです。

She loves the (　　　　　) (　　　　　) in nature.

(4) チーズは牛乳から作られる食品です。

Cheese is a (　　　　　) (　　　　　) from milk.

(5) パーティーに招待された何人かの人々はやって来なかった。

Some of the (　　　　　) (　　　　　) to the party didn't
come.

(2) （…と呼ばれる犬→）…
という犬

(3) （自然界に見いだされる
花→）野生の花

**過去分詞＋名詞**
過去分詞が 1 語だけで名
詞を修飾するときは，名
詞の前に置かれる。

a used car

（（使用された車→）中古車）

**Challenge!** 日本文の意味を表すように，（　　）内の語句を並べかえ
なさい。

 **ヒント**

(1) トムとテニスをしている女の子はだれですか。

Who is (playing / tennis / the girl / with) Tom?

Who is _____ Tom?

(2) 飛んでいる飛行機を見て。

(the / look at / plane / flying).

_____ .

(3) スペインで話されている言語は何ですか。

What is (in / Spain / spoken / the language)?

What is _____ ?

(4) 陸上に生息する最大の動物はゾウです。

(land / living / on / the largest animal) is the elephant.

_____ is the elephant.

(5) 温室は，植物のためにガラスで作られた建物です。

A greenhouse is (a building / glass / made / of) for plants.

A greenhouse is _____ for plants.

英語では，2 語以上がま
とまって名詞を修飾する
ときは必ず名詞の後ろに
くる。

a village by the sea

（海辺の村）

a job to do

（するべき仕事）
（➡Les. 9 ⓑ－①）

# 12 比較

## Are You Ready ?

### 比較級

China is large , but

Canada is larger .

（中国は大きいが，カナダはもっと大きい。）

Canada is larger than China.

（カナダは中国よりも大きい。）

中国は大きな国ですが，カナダはもっと大きな国です。この larger（もっと大きい）を **比較級** といいます。「…よりも」と比べるものを表したいときは，〈than ...〉を続けます。

### 最上級

Russia is the largest in the world. （ロシアは世界で**一番大きい**。）

ロシアはカナダよりも大きく，世界で最も大きな国です。この largest（一番大きい）を **最上級** といいます。

## Ⓐ as ... as A

I'm **as** happy **as** you. 私はあなたと**同じくらい**うれしいです。

**ポイント** ▶ **as ... as A** : 「A と同じくらい…」

**TRY Ⓐ** 例にならって，〈as ... as A〉の文を作りなさい。

 ヒント

（例）Tom is tall. (his father)

→ Tom is as tall as his father.

(1) This house is old. (the church)

This house is _____ .

(2) Keiko can play tennis well. (Fred)

Keiko can play tennis _____ .

(3) Our school ground is large. (a soccer field)

Our school ground is _____ .

(4) I think math is interesting. (English)

I think math is _____ .

> **not as ... as A**
> 否定文になると，「A ほど…ない」となる。
> China is not as large as Canada. （中国はカナダほど大きくない。）

## ❷ 比較級＋than A

**Health is more important than** money.　健康はお金**よりも大切**である。

> **ポイント**
> ▶ 原級 (元の形) ＋ **-er**：old-old**er** / **more**＋原級：important-**more** important
> ▶ 比較級＋**than A**：「Aよりも〜」

**TRY ❷** 日本文の意味を表すように，各文の(　　)内に，下の語群から適語を選んで比較級にして補いなさい。

(1) 光は音よりも速く伝わる。

　Light travels (　　　　　　) than sound.

(2) サッカーはテニスよりも人気がある。

　Soccer is (　　　　　) (　　　　　　) than tennis.

(3) カナダはブラジルよりも大きい。

　Canada is (　　　　　　) than Brazil.

(4) リズはベンよりも上手に日本語を話します。

　Liz speaks Japanese (　　　　　　) than Ben.

　[big / fast / popular / well]

A is not as ... as B（A は B ほど…でない）
→ B is＋比較級＋than A（B は A よりも…）

## ❸ the＋最上級＋in [of] ...

**Mary is the tallest** girl **in** our class.　メアリーは私たちのクラス**の中で一番背が高い**女の子です。

> **ポイント**
> ▶ 原級＋**-est**：tall-tall**est** / **most**＋原級：important-**most** important
> ▶ **the**＋最上級＋**in [of]** ...：「…の中で一番〜」

**TRY ❸** 日本文の意味を表すように，空所に適語を入れなさい。

(1) 信濃川は日本で一番長い川です。

　The Shinano is (　　　　　) (　　　　　　) river in Japan.

(2) この問題はすべての問題の中で一番簡単です。

　This question is (　　　　　) (　　　　　) of all.

(3) 私は3匹の犬を飼っています。タロウはその中で一番年上です。

　I have three dogs.　Taro is (　　　　　) (　　　　　) of
　the three.

(4) 私は世界で一番幸せな女の子だと思います。

　I think I am (　　　　　) (　　　　　) girl in the world.

(5) 歴史は全教科の中で一番おもしろいと思います。

　I think history is (　　　　) (　　　　　) (　　　　　)
　of all the subjects.

**in**＋「場所」・「集団」を表す単数名詞
**of**＋複数名詞
*cf.* of the three＝of the three dogs

# 13 関係代名詞

## Are You Ready ?

### 名詞に説明を加える

次の2つの文は，「ぼくはパーティーでサッカーが大好きな女の子に会いました。」と1つの文で表現することができます。

I met a girl at the party. She likes soccer very much.

（ぼくはパーティーである女の子に会いました。彼女はサッカーが大好きです。）

She likes soccer very much. という内容を a girl にくっつけると，

I met a girl (+She likes soccer very much.) at the party.

「+She」を who に変えると，

I met a girl who likes soccer very much at the party.

この who は，**2つの文を結びつける(関係づける)働き**と，she という**代名詞の働き**を兼ねているので**関係代名詞**といいます。

### Ⓐ 名詞＋who [which]＋動詞 ...

I have a friend **who** lives in Spain.　　私にはスペインに住む友だちがいます。

**ポイント** ▶ 人 + who＋動詞 ... :「～する(人)」 / (人以外の)物 + which＋動詞 ... :「～する(物)」

**TRY Ⓐ** 日本文の意味を表すように，( )内にwho か which を補いなさい。

(1) 私は3か国語を話せる男の子を知っています。

I know a boy ( ) can speak three languages.

(2) これは糸魚川に止まる列車ですか。

Is this the train ( ) stops at Itoigawa？

(3) ドアを開けた女性はトムのおばでした。

The woman ( ) opened the door was Tom's aunt.

(4) 私は青い目をした犬を飼っています。

I have a dog ( ) has blue eyes.

(5) 空港行きのバスは30分ごとに運行しています。

The bus ( ) goes to the airport runs every half hour.

**ヒント**

(1)～(5) who や which は主語の働きをしている。

I have a friend. + He / She lives in Spain.
↓
I have a friend who ...

who や which の代わりに that を用いることもできる。

## Ⓑ 名詞＋which [that]＋主語＋動詞 ...

This is a picture **which** she sent me the other day.
これは，彼女が先日私に送ってくれた写真です。

**ポイント** ▶ 名詞 ＋ │which [that]＋主語＋動詞 ...│ :「…が〜する（名詞）」

**TRY Ⓑ** 絵を参考に，下線部に(　　)内の情報をwhich...とつけ加えなさい。

 ヒント

(1)　　　　　　(2)　　　　　　(3)

（例）This is <u>the book</u>.　(You wanted it.)

　　→ This is the book which you wanted.

(1) This is <u>the dress</u>.　(I want to buy it.)

_____

(2) This is <u>the bag</u>.　(Ann lost it.)

_____

(3) This is <u>the bird house</u>.　(My father made it.)

_____

(1)〜(3) which や that が目的語の働きをしている。

This is a picture.
│＋│ She sent me │the picture│ the other day.
↓
This is a picture │which│ ...

## Ⓒ 名詞＋主語＋動詞 ...

This is the person I met on my trip to Europe.
こちらは，私がヨーロッパ旅行で出会った人です。

**ポイント** ▶ 名詞 ＋ │主語＋動詞 ...│ :「…が〜する（名詞）」

**TRY Ⓒ** 日本文の意味を表すように，(　　)内の語句を並べかえなさい。

(1) これらは私が今朝切り取った花です。

These are the flowers (cut / this morning / I).

These are the flowers _____ .

(2) 私が訪れたい国はカナダです。

The country (want / I / visit / to) is Canada.

The country _____ is Canada.

(3) これが，彼が私たちに残してくれたメッセージです。

This is the message (for / us / he / left).

This is the message _____ .

関係代名詞を用いないで，名詞に直接「主語＋動詞 ...」を続けることもできる。

the person │I met│
（私が出会った人）

27

# Lesson 14 仮定法

## Are You Ready ?

### 仮定法とは？

① **If** you **take** this medicine, you **will** **feel** better.
（この薬を飲めば，あなたは気分がよくなるでしょう。）

② **If** you **took** this poison, you **would** **die** soon.
（この毒を飲めば，あなたはすぐに死んでしまうでしょう。）

①の if ...（もしも…ならば）は，「**あなたがこの薬を飲むかもしれないし飲まないかもしれない**」ことを表しています。一方，②の if ... は，「**あなたがこの毒を飲む**」という「**ありそうもないこと**」を表しています。②のように**ありそうもないこと**や**事実に反すること**を「もしも…ならば」と仮定する表現を**仮定法**といいます。

### 事実に反する仮定・想像

アンに電話をしたいのに電話番号がわからなくて電話ができない場面では，「彼女の電話番号を知っていたら」と仮定し，「彼女に電話をかけるのに」と想像をめぐらします。

**If** I **knew** her number, I **would** **telephone** her.
（彼女の電話番号を**知っていたら**，ぼくは彼女に**電話をかける**のだが。）

---

### Ⓐ If ＋主語＋動詞の過去形 ..., 主語＋助動詞の過去形＋動詞の原形 ...

**If** I **had** enough money, I **would buy** a new car. 　十分なお金が**あれば**，私は新車を**買う**のだが。

> **ポイント** ▶ 「もしも（今）…ならば，～するのだが［～できるのだが］」などと，現在の事実に反することを仮定し，想像をめぐらす**仮定法過去**の表現。

---

**TRY Ⓐ** 日本文の意味を表すように，空所に適語を入れなさい。

(1) もっとお金があれば，私は新しいコンピュータを買うのだが。

If I (　　　　　) more money, I (　　　　　)
(　　　　　) a new computer.

(2) もし私があなたなら，留学をするかもしれない。

If I (　　　　　) you, I (　　　　　) study abroad.

(3) もし明日試験がなかったら，私はあなたと映画に行けるのに。

If I (　　　　　) have the exam tomorrow, I
(　　　　) (　　　　　) to the movies with you.

**ヒント**

(1) I don't have money, so I won't buy a new computer.

(2) be-動詞の過去形は were が原則。

(3) if-節が否定文になる。

## ⓑ I wish＋仮定法過去

**I wish I could travel to Africa.** アフリカへ旅行できたらなあ。

**ポイント** ▶「（今，お金がないので残念ながら）アフリカに旅行することができない。」という，**現在の事実の反対を願望する**ときに用いる表現。

**TRY ⓑ** 日本文の意味を表すように，空所に適語を入れなさい。

(1) 自分の勉強部屋があればいいのになあ。

I wish I (　　　　　　) my own study room.

(2) 数学が得意であればなあ。

I wish I (　　　　　　) good at math.

(3) 彼のメールアドレスを知っていればなあ。

I wish I (　　　　　　) his email address.

(4) もっと上手に英語を話すことができればなあ。

I wish I (　　　　) (　　　　　　) English better.

(5) トムと同じくらい速く走れたらなあ。

I wish I (　　　　) (　　　　　　) as fast as Tom.

👣 ヒント

(1) I don't have my own study room.

(2) I'm not good at math.

(3) I don't know his email address.

(4) I cannot speak English well.

(5) I cannot run as fast as Tom.

---

**Challenge!** 各文がほぼ同じ意味になるように，空所に適語を入れなさい。

(1) { I don't have enough money, so I won't travel abroad.
    { If I (　　　　　) enough money, I (　　　　　)
    { (　　　　　) abroad.

(2) { I'm busy, so I can't go to the party.
    { If I (　　　　) (　　　　　　) busy, I could go to
    { the party.

(3) { It is raining, so we can't go on a picnic.
    { If it (　　　　) (　　　　) raining, we
    { (　　　　) (　　　　) on a picnic.

(4) { I'm sorry I can't understand French.
    { I (　　　　) I (　　　　　) understand French.

(5) { I'm sorry I don't have an umbrella.
    { I (　　　　) I (　　　　　) an umbrella.

👣 ヒント

(1) → 十分なお金があれば海外旅行に行く

(2) → 忙しくなければパーティーに行ける

(3) → 雨が降っていなければピクニックに行ける

# Lesson 15 接続詞 / 前置詞

## Are You Ready ?

### 接続詞

The car stopped | **and** | the driver got out .
(車が止まりました。**そして**運転手が降りてきました。)

A | **and** | B （A, そして B）, A | **but** | B （A, しかし B）, A | **or** | B （A, あるいは B）などと, 語と語, 句と句, 文と文を結びつける働きをする and, but, or などを**接続詞**といいます。

**When** | I went out , it was raining. （私が外出した**とき**, 雨が降っていました。）

1つの文の中にもうひとつ別の文を組み込む働きをする接続詞もあります。When 以下は, It was raining. という文の動詞（was raining）を修飾する働きをしています。

### 前置詞

① The book | **on** | the table | is Ann's. （テーブルの上の本はアンのものです。）

② Ann | put | the book | **on** | the table .

（アンはテーブルの上に本を置きました。）

①の on the table は名詞を修飾する**形容詞の働き**を, ②の on the table は動詞を修飾する**副詞の働き**をしています。このように, 名詞の前に置かれて, 形容詞や副詞の働きをする語群を作る語を**前置詞**といいます。

---

## Ⓐ and / but / or

**Is the baby a boy or a girl?**　　赤ちゃんは男の子ですか, **それとも**女の子ですか。

**ポイント** ▶ **A and B**：「A と B, A そして B」/ **A but B**：「A だが B, A しかし B」/ **A or B**：「A か B か, A または B」

---

**TRY Ⓐ** 各文の( )内に, and, but, orから適語を補いなさい。

(1) It is Sunday today ( ) we have no school.

(2) Jimmy agreed with me, ( ) Susie disagreed.

(3) Would you like coffee ( ) tea?

(4) I like cars, ( ) I don't have a driver's license.

**ヒント**

(2) 文の前半と後半が対立した内容になっている。

(3) 「コーヒーか紅茶か」

(5) Hurry up, ( ) you'll be late for school.

(6) Follow this advice, ( ) you'll be a winner.

(5)(6) 命令文 , and … 「〜しなさい。そうすれば…」／命令文 , or … 「〜しなさい。そうしないと…」

## B 「時」・「原因・理由」・「条件」を表す接続詞

The boy was scolded **because** he was late.　　その少年は遅刻した**ので**しかられました。

**ポイント** ▶ when : 「…するとき」 / because : 「…なので」 / if : 「もしも…ならば」

**TRY B** 日本文の意味を表すように，( )内に適切な接続詞を補いなさい。

🖊 ヒント

(1) ぼくは子どものとき，サッカー選手になるのが夢でした。

( ) I was a child, my dream was to be a soccer player.

(1) 「時」

(2) 雨が降っていたので，運動会は中止された。

The athletic meet was canceled ( ) it was raining.

(2) 「原因・理由」

(3) 私が駅に着いたとき，父が私を待っていました。

My father was waiting for me ( ) I arrived at the station.

(3) 「時」

(4) もしも試験に合格したら，私は東京で暮らします。

( ) I pass the exam, I'll live in Tokyo.

(4) 「条件」

## C 「場所」・「時」を表す前置詞

① Change trains **at** Nagoya.　　名古屋**で**列車を乗りかえなさい。

② Let's meet **at** 7:30 tomorrow morning.　　明日の朝7時30分**に**会いましょう。

**ポイント** ▶ at : ①「…(のところ)で」(「一点」としてとらえた場所) / ②「…に」(「一点」としてとらえた時刻)

**TRY C** 各文の( )内に，下の語群から適語を選んで補いなさい。

🖊 ヒント

(1) Tom arrived ( ) Tokyo Station an hour ago.

(2) I was born ( ) April 10 ( ) 2005.

(3) This bus goes ( ) the station to the city hall.

(4) Look at the picture ( ) the wall.

(5) Takashi has been waiting for Meg ( ) an hour.

[at / for / from / in / on]

(2)(5) for ＋時の長さを表す語句 / in ＋ある長さを持った時間 / on ＋日付・曜日

(3)(4) from：出発点を表す / on：場所への接触を表す / to：到着点を表す

## 不規則動詞の変化

★（　　）内に動詞の正しい形を書き入れて，表を完成させましょう。

| 原形 | -s [-es] の形 | 過去形 | 過去分詞形 | ～ing 形 |
|---|---|---|---|---|
| become（…になる） | becomes | became | become | becoming |
| break（壊す） | breaks | broke | ①（　　　　　） | breaking |
| build（建てる） | builds | built | built | building |
| buy（買う） | buys | ②（　　　　　） | bought | buying |
| come（来る） | comes | came | come | ③（　　　　　） |
| do（する） | ④（　　　　　） | did | done | doing |
| drive（運転する） | drives | drove | driven | driving |
| eat（食べる） | eats | ⑤（　　　　　） | eaten | eating |
| fall（落ちる） | falls | fell | fallen | falling |
| feel（感じる） | feels | felt | felt | feeling |
| find（見つける） | finds | found | found | finding |
| get（手に入れる） | gets | got | got, gotten | ⑥（　　　　　） |
| give（与える） | gives | gave | given | giving |
| go（行く） | ⑦（　　　　　） | went | gone | going |
| have（持っている） | ⑧（　　　　　） | had | had | having |
| know（知っている） | knows | knew | known | knowing |
| leave（去る） | leaves | left | ⑨（　　　　　） | leaving |
| make（作る） | makes | made | made | ⑩（　　　　　） |
| meet（会う） | meets | ⑪（　　　　　） | met | meeting |
| read（読む） | reads | read [réd] | read [réd] | reading |
| rise（昇る） | rises | rose | risen | rising |
| run（走る） | runs | ran | run | running |
| say（言う） | says [séz] | said | said | saying |
| see（見る） | sees | saw | ⑫（　　　　　） | seeing |
| send（送る） | sends | sent | sent | sending |
| speak（話す） | speaks | ⑬（　　　　　） | spoken | speaking |
| swim（泳ぐ） | swims | swam | swum | ⑭（　　　　　） |
| take（取る） | takes | took | taken | taking |
| tell（話す） | tells | told | told | telling |
| think（考える） | thinks | thought | thought | thinking |
| write（書く） | writes | ⑮（　　　　　） | written | writing |